THÈSE

POUR

LA LICENCE.

1846.

FACULTÉ DE DROIT DE TOULOUSE.

THÈSE

POUR

LA LICENCE

En exécution de l'Article 4, Titre 2, de la Loi du 22 Ventôse an XII.

SOUTENUE

Par **M. BRANET** (Henri),

Né à Auch (Gers).

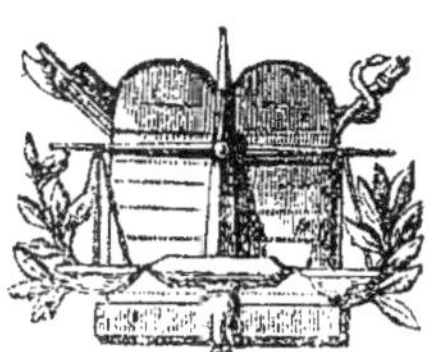

TOULOUSE,

Typographie Troyes OUVRIERS RÉUNIS,

Rue Saint-Pantaléon, 5.

1856.

A mon Grand-Père M. Henri DRUILHET,

Témoignage d'amitié sincère et de dévouement sans bornes.

Jus Romanum.

(DIG. LIB. LXVI , TIT. I. — INST. JUST. LIB. III , TIT. XX)

Fidejussio accessoria est obligatio quâ quis alteri obligationi ergà creditorem se submittit.

Ab origine , unus erat modus stipulandi apud Romanos, sponsio , cui formula erat : Dare spondes ? Spondeo. Latinæ linguæ usus strictæ necessitatis erat in illa stipulatione atque sola dandi promissio permissa erat. Peregrinus prætor, posteriore tempore , fidepromissionem creavit, cum formula : idem fidepromittis ? Idem fidepromitto. Extraneâ linguâ uti permissum erat , sed solùm ad dandum.

Plures leges his primorum temporum stipulationibus, dico sponsioni fidepromissionique , obstacula imposuerant. Lex Apuleia sponsori actionem dedit adversùs costipulatores cùm totam solutionem solvisset. Corneleia lex statuebat ut sponsores fidepromissoresque actionem post duos annos persequi jam non possent. Publilia lex sponsori quod solvit repetere actione depensi permittit ; et si debitor neget, sponsor duplicem petere potest. Fidepromissor verò hoc facere nequit.

Denique, cogente necessitate, inventa est fidejussio (idem fidejubes ? idem fidejubeo), quà accedere omnes potuerunt ad quaslibet obligationes, linguà latinà aut extraneà, sive verbis, sive re, sive consensu, sive scripto contractis, seu civilibus, seu naturalibus, ad dandum, præstandum, vel faciendum. Cùm orta est hæc fidejussio, paulatìm disparuerunt sponsio fidepromissioque, et, Justiniani temporibus, jàm evanuerant illæ stipulationes.

Fidejussor obligatur ei apud quem reus promittendi obligatus est. Fit ergò reus principalis si ille reus promittendi creditorem solvere nequeat. Si quis ergo vult fidejubere debet esse qui potest qualibet obligatione obligari. Pupillus sine tutoris auctoritate, prodigusve, vel furiosus, vel interdictus, sive mulier fidejubere non possunt. Si autem mulieres ad alienum debitum intercesserint, actionem repellent exceptione quæ a Velliano senatus-consulto venit. Hoc enim senatus-consulto constat ut mulieres sese obligare possint ut solvant suum debitum atque alienum debitum solvere, non autem intercedere, id est debiti alieni solutionem ante tempus promittere : quia semper primo visu videre non possent quæ futuro tempore advenient aut non advenient. Milites tamen servique, qui stipulari nequeunt, possunt fidejubere, usque ad peculium, servi inscio domino.

Fidejussor non tantùm ipse obligatur, sed etiam hæredes suos obligatos relinquit. Perpetua enim est sua obligatio. Indè patet discrimen fidejussores inter et sponsores aut fidepromissores, quorum obligationes biennio evanescebant et non transibant ad hæredes, ut à Gaïo constat (Gaïus, III, 120).

Fidejubere possunt fidejussores in omnibus obligationibus et etiam in illis quæ ex delicto nascuntur ad damna reparanda civilia vel pecuniaria sed non ad vincula aliena solvenda. Scribit enim Julianus : « Si debitori » deportatio irrogata est, non posse pro eo fidejussorem accipi, quasi » tota obligatio contra eum extincta sit. »

Fidejussio, ut suprà diximus, accessoria est stipulatio principalis valabilisque obligationis. Si futura est obligatio, sub conditione erit fidejussio. Fidejussores enim in duriorem causam quàm reus principalis obligari nequeunt. In duriorem autem obligarentur quantitate, die, loco, conditione, modo. Sed in leviorem, in eamdem quoque obligari possunt, nunquam tamen in duriorem. Hoc est enim principium : « Non plus in » accessione esse potest quàm in re principali (Gaïus, III, 126). » Una est tamen exceptio quà fidejussores arctiori vinculo quàm reus principalis obligari possunt, cùm creditor bona quæ reus principalis oppignerat leviora judicavit. Hypothecariè quoque obligari fidejussores possunt quamvis principalis reus seipso tantum respondat. Tunc enim non duriore sed arctiori vinculo obligantur, nec plus ac reus principalis creditori solvent (Dig., lib. 46, t. 1, lex 8, § 9, et lex 73).

An-ne, cum fidejussor in duriorem causam obligatus est, ex toto vitiatus fidejussio, aut ad obligationis principalis conditionem merè redigi potest. De illà quæstione solvendà dissensère auctores. Mihi autem illa sententia erit fidejussionem omninò irritam esse, quæ fuit Ulpiano cùm scripsit : « Quòd si fidejussores fuerint in causam duriorem adhibiti, » placuit eos omninò non obligari. » Non hæc erat regula constituti quod valere tantùm potest si accessoria obligatio tàm valeat quàm principalis. Si capitale atque fœnus solvere obligatus sum, solo fœnore debito, ad solum capitale obligatus sum, obligatioque reducta superest (Dig. lib. 13, t. 5, lex 11).

Cui merè atque simpliciter solvere promisit, cùm sese leviùs obligatus sit quàm si in certo loco, accedere non potest fidejussor qui in certo loco solvere obligatus est. Dicit enim Julianus in lege 12, § 1, Dig. lib. 46, tit. 1 de fidejussoribus : « Si reum purè interrogavero et fidejussorem » cùm adjectione loci accepero, non obligatur fidejussor. » Nec magis obligatus erit fidejussor si, cùm reus promiserit quodam loco solvere, in alio promisit.

Superest ergò principium : Fidejussor in duriorem causam ac reus principalis obligari nequit. Sed in leviorem obligari potest. « Quid ergo » si a reo Stichum aut Pamphilum, à fidejussore Stichum interroga- » vero ? » ait Paulus in lege 34, Dig. lib. 46, t. 1, de fidejussoribus.

« Utrùm in deteriorem causam acceptus est sublatà electione, aut in
» meliorem? Quod et verum est, quia mortuo eo liberari potest. »

De beneficiis quæ fidejussoribus data sunt.

Juris romani ab origine, cùm plures fidejussores ut idem debitum
solverent obligarentur, in solidum tenebantur, quia quisque rei principalis locum teneret. Indè contra singulum habebat creditor actionem ex
stipulatu. Poterat quoque, relicto reo principali, unum inter correos promittendi eligere, nisi inter contrahentes aliud placitum esset. Si autem
unus totum debitum solverat, nullam habebat actionem contrà reum
principalem, nisi actionem mandati, nullam contrà correos debendi
quia nullo contractu obligati erant.

Posteà tamen plura beneficia fidejussoribus data sunt. Primo ordine
venit *subrogationis* beneficium, sive exceptio quà, unus ex fidejussoribus, in solidum persecutus, petere potest ut non damnetur nisi creditor
illi jura actionesque cedat, ita ut, illà subrogatione, agere possit ad-
versus cofidejussores, atque uti actionibus obligationi principali inhæ-
rentibus. Si actiones recusaverit creditor, fidejussori solutionem negare
licebat, exceptione cedendarum actionum oppositã.

Sed, in hoc subrogationis beneficio, cessio erat inutilis si cofidejussores insolvabiles essent. Prætor, à quò tum credendi reus solutionem
petebat, actionem in totisdem partibus divisit quot correi debendi erant.
Rescripto autem Adriani regulatum fuit hoc *divisionis* beneficium. Solva-
biles litiscontestationis tempore fidejussores pro insolvabilibus obligati
fuere. Post autem litiscontestationis tempus, solus credendi reus solvere
debuit.

Tandem Justinianus fidejussoribus novum dedit beneficium, scilicet
ordinis vel *discussionis* : Sive exceptio quà correus debendi cofidejussores persequi nequit nisi insolvabilis sit reus principalis, id est : 1o Si
insolvabilis sit cùm facta erit bonorum discussio ; 2o Si absens sit.

Fidejussionis probatio. — Valabilis est obligatio quoties scripto patet ut promissio quædam facta erit. Scriptum ergo, ex quo constat hæc fidejussionis promissio, illius contractûs erit probatio. Ex tali enim dispositione constat ut interrogatio responsumque facta fuêre. Hanc probationem contraria probatio solùm vincere potest. Deficiente scripto, sola testium probatio vincet.

Quibus modis extinguitur fidejussio. — Rei principalis obligatione extinctâ, fidejussoris obligatio etiam extinguitur, sive solutione, sive acceptilatione, sive stipulatione de non petendo, sive præscriptione. Extinguitur etiam novatione quæ principalem obligationem extinguit atque novam erigit, quia non pro novà sed pro illà quæ extincta est intercessit fidejussor. (*Cod. lib.* 8, *t.* 32, *lex* 8.)

Code Napoléon.

Des Donations entre vifs et des Testaments.

(LIV. III , TIT. II.)

De la révocation des Donations entre vifs, de celle des Testaments et de leur caducité.

(954 à 966. — 1035 à 1047. — 1089.)

GÉNÉRALITÉS.

Tout propriétaire a le droit de donner ses biens entre vifs ou de les transmettre par testament. Le droit que tout homme a de faire des libéralités a été reconnu de tous les temps. Mais il n'en a pas été de même du droit de tester. Les adversaires de ce droit, Puffendorf , Montesquieu et Rousseau entr'autres, nièrent sa légitimité en s'appuyant sur des sophismes que nous ne reproduirons pas ici , notre cadre étant trop restreint, et le droit de tester étant, du reste, aujourd'hui , universelle-ment reconnu. Mirabeau, lui aussi , partagea l'opinion de ces philosophes. Pour nous, nous regardons comme certain que le testament est dans la nature, qu'il est une consolation de la mort et un des exercices les plus chers à l'homme de son droit de propriété.

A Rome, il y avait déshonneur de mourir *intestat*, et Cicéron, Quintilien, et plus tard les empereurs Romains, entr'autres Constantin, tinrent le droit de tester en grande faveur.

L'ancienne Législation française admettait, outre la donation et le testament, plusieurs manières de disposer à titre gratuit : la démission de biens, la donation à cause de mort, le codicille, l'institution contractuelle et les partages de biens *inter liberos;* mais toutes ces manières de disposer se rattachaient plus ou moins à la donation et au testament. Du reste, deux Ordonnances de Louis XV, qui ont été la base des dispositions du Code Napoléon, déclarèrent qu'à l'avenir il n'y aurait que deux manières de disposer : la donation entre vifs et le testament.

Dispositions générales.

L'art. 893 du Code Civil, absolument exclusif, établit deux modes de disposer : les donations entre vifs et les testaments.

La définition des donations entre vifs est donnée par l'article 894 : « C'est un acte par lequel le donateur se dépouille actuellement et irré- » vocablement de la chose donnée en faveur du donataire qui accepte. » — C'est un *acte* et non pas un contrat, comme le pensait à tort, selon nous, le Premier-Consul ; car le mot acte seul s'applique aux conventions à titre gratuit, le mot contrat au contraire aux conventions à titre onéreux. — Il y a *dépouillement*, ce qui distingue la donation des autres contrats, le prêt par exemple. — Il y a dépouillement *actuel* sans toutefois trop s'attacher au sens littéral de ce mot qui excluerait les donations à terme et sous condition. — Il y a dépouillement *irrévocable*, c'est-à-. dire que la donation entre vifs ne peut dépendre d'une condition purement potestative de la part du donateur ; que celui-ci puisse à son gré faire arriver on ne pas arriver. Il n'est pas permis au donateur d'y insérer des clauses par lesquelles il se réserverait un moyen direct ou indirect de retirer la libéralité dont il gratifie le donataire. L'irrévocabilité est une création du droit coutumier, qui eut pour but de conserver les biens dans les familles en rendant les libéralités le plus rares possible.

On peut aussi disposer par testaments. Art. 895 : « Le testament est » un acte par lequel le testateur dispose pour le temps où il n'existera » plus, de tout ou partie de ses biens, et qu'il peut révoquer. » Le testament est un *acte* et non un contrat, car ceux qui doivent en profiter n'y paraissent pas. Dans le testament, il faut que la mort intervienne pour que le *dépouillement* ait lieu, et ce dépouillement est *révocable*, puisqu'il ne doit s'opérer que dans un temps futur. En Droit Romain, on ne pouvait laisser qu'un testament, et on ne pouvait mourir *partim testatus*, *partim intestatus*. En Droit Français, au contraire, cette maxime est abolie, et l'on peut laisser un nombre illimité de testaments qui produiront tous leur effet, à moins que leurs dispositions ne soient contradictoires.

PREMIÈRE PARTIE.

Exceptions à la règle de l'irrévocabilité des donations.

La donation entre-vifs, dit l'art. 953, ne pourra être révoquée que pour cause d'inexécution des conditions sous lesquelles elle aura été faite, pour cause d'ingratitude, et pour cause de survenance d'enfants.

Nous avons établi plus haut, et nous maintenons de nouveau ici le principe que dans aucune situation le donataire ne doit être à la discrétion du donateur. Mais le législateur aurait évidemment marché contre son but, s'il eût permis que ce qu'il avait établi dans le but de la conservation des biens dans les familles, servît de moyen pour favoriser les mauvais sentiments : en d'autres termes : s'il eût consenti à ce que le donataire se fît un droit de cette irrévocabilité pour oublier les devoirs de la reconnaissance envers son bienfaiteur, et pour se jouer des conditions qui lui auraient été imposées ; s'il eût empêché le donateur qui se serait porté à de trop grandes libéralités, alors qu'il n'avait pas d'enfants, ne pût les révoquer s'il lui en survenait. Aussi, dans sa prévoyance, a-t-il distingué ces trois cas, dont il a fait trois exceptions à la règle de l'irrévocabilité des donations. Nous allons les examiner séparément dans les trois articles qui vont suivre.

ARTICLE PREMIER.

De l'inexécution des charges.

Pour qu'il y ait inexécution des charges, il faut que cette inexécution soit imputable seulement au donataire, que celui-ci se soit refusé à exécuter le fait exigé comme condition. La bonne volonté d'exécuter ces charges suffirait ; de là la différence avec les contrats onéreux. — Dans le cas d'inexécution, on peut demander la révocation de la donation, et il faut la demander, parce que cette révocation n'opère pas de plein droit (956 et 1139). Tant que la demande judiciaire n'aura pas été faite, le donataire sera à temps d'accomplir les conditions.

Peuvent demander la révocation pour cause d'inexécution des conditions, le donateur, et de plus ses héritiers et ses créanciers. La révocation pour cette cause produira les effets ordinaires. Les biens donnés rentreront libres de charges et hypothèques de la part du donataire ; mais les fruits perçus avant la mise en demeure ne seront pas rendus, ils ont été perçus de bonne foi.

ARTICLE II.

Ingratitude du donataire.

On comprend que celui qui a reçu une libéralité, doive contracter au moins l'obligation de la reconnaissance. Cependant , il était nécessaire de préciser les cas dans lesquels le donataire devait être regardé comme ingrat. Il faut , dirons-nous, d'après l'esprit de la loi, que le donataire se soit rendu coupable d'une noire ingratitude.

Toutes les donations, quelles qu'elles soient , sont sujettes à l'ingratitude de la part du donataire, même pour le cas où le donateur aurait été amené à faire sa libéralité pour récompenser le donataire d'un service rendu , quand même sa donation eût été *rémunératoire*. L'art. 959 établit une seule exception pour ce qui concerne les donations faites en faveur du mariage. C'est qu'aussi dans ce cas on considère que la libéralité n'a pas été faite seulement en faveur de l'époux , mais aussi en faveur des enfants à naître, en faveur de la famille.

L'art. 955 qui est limitatif, énumère trois cas d'ingratitude : 1o Attentat à la vie du donateur ; 2o sévices, délits ou injures graves ; 3o refus d'aliments.

Comme on le voit, la loi s'est montrée très facile pour faire tomber dans l'ingratitude. Ce bénéfice, donné aux donateurs qui auront à se plaindre de l'ingratitude de leurs donataires, date de Justinien , et l'ancienne jurisprudence française suivit la voie tracée par l'empereur Romain. Le Code Napoléon a reproduit les mêmes idées. Il faut, d'après ses idées , pour qu'il y ait révocation :

1o Que le donataire ait attenté à la vie du donateur, et il ne sera pas nécessaire qu'il ait été condamné pour ce fait, il suffira que le fait soit judiciairement établi ;

2o Qu'il se soit rendu coupable envers lui de sévices , délits et injures graves , enfin d'une série de mauvais traitements qui rendent la vie insupportable , et que les juges auront à apprécier ;

3o Qu'il lui ait refusé des aliments, à moins que le donateur ait des parents obligés de lui en fournir. Les juges seront encore tenus dans ce cas de voir si les demandes du donateur ne sont pas en trop grande disproportion avec le chiffre de la libéralité.

L'ingratitude du donataire, de même que l'inexécution des charges, n'opère pas de plein droit la révocation de la donation. Elle devra être demandée par les ayant-droit dans le délai d'un an (957). Le donateur seul sera capable d'intenter une action pour cette cause, et non ses créanciers, parce qu'ils ne doivent pas entrer dans ces détails de famille. Ses héritiers non plus ne le pourront pas, à moins que le donateur soit mort après avoir intenté l'action, ou bien si près du délit, cause d'ingratitude, qu'il n'a pas eu le temps de l'intenter, et ils auront pour le faire un an à partir de la connaissance du délit. On ne pourra intenter d'action contre les héritiers du donataire, car il s'agit ici d'une action pénale, et les actions pénales ne sont poursuivables que contre leurs auteurs.

La demande en révocation, pour recevoir publicité, doit être écrite en marge de la transcription hypothécaire.

ARTICLE III.

Survenance d'enfants.

La loi présume ici que si le donateur eût prévu qu'il dût avoir des enfants, il n'eût pas fait les libéralités qu'il a faites, et elle lui permet de les révoquer.

La révocation des donations pour cause de survenance d'enfants tire son origine de la fameuse loi romaine : *Si unquàm* (Code, *lex* 8, *de revocat. donat.*) qui, faite en réalité pour les donations entre patrons et affranchis, fut étendue à toute sorte de donations, et cette extension fut sanctionnée par l'art. 39 de l'ordonnance de 1731, qui servit de base à ce sujet aux dispositions du Code Napoléon.

Pour que le donateur se trouve dans le cas précisé par l'art. 960, il faut qu'il n'ait pas d'enfants ou de descendants actuellement vivants au moment de la donation, et de plus qu'après cette donation il survienne un nouvel enfant. Pas de difficulté si on a un enfant légitime, légitimé ou adoptif, la survenance d'un nouvel enfant détermine la révocation. Mais la préexistence d'un enfant naturel sera-t-elle un motif de révocation? Nous ne saurions le penser. La présence d'un enfant naturel n'impose pas, en effet, au père les mêmes obligations que celle d'un enfant légitime.

L'adoption d'un enfant après la donation, étant un acte volontaire, de même que la légitimation, il serait nécessaire que cet enfant fût non-seulement adopté et légitimé, mais encore né depuis la donation.

Quelles sont les donations sujettes à révocation pour cause de survenance d'enfants? Le Code Civil (art. 390) se prononce formellement à ce sujet. Toute donation, quelle qu'elle soit, tombe devant la survenance d'enfants, même les donations mutuelles ou rémunératoires, même celles faites en faveur du mariage par les personnes, autres que les ascendants, aux conjoints, ou par les conjoints entr'eux. Il suit de là que les libéralités faites par les ascendants à l'un des conjoints ne seront pas révocables pour cause de survenance d'enfants.

Quant aux donations *déguisées*, elles sont révocables comme les autres donations, leur déguisement ne pouvant pas les empêcher de tomber sous le coup de la révocation.

Pour les donations *indirectes*, elles doivent suivre la même règle, si elles ont été faites *animo donandi*. Mais si elles ont été faites par exemple à un mauvais débiteur de sa dette par suite de l'ennui qu'il causait à son créancier, nous ne verrions pas là de libéralité.

A ces deux exceptions près, donations d'ascendants à l'un des époux, et remise de la dette à un mauvais débiteur, la révocation pour cause de survenance d'enfants se produit de plein droit. Aurait-on établi une clause spéciale, la révocation s'opérerait quand même par le seul effet de la loi. La mise en possession antérieure, postérieure même, ne ferait rien. Enfin cette révocation est si énergique que, bien que l'enfant survenu fût mort avant que le donateur eût réclamé la révocation, cette révocation n'en opérerait pas moins son effet (964).

La donation rompue, le donateur est censé n'avoir jamais donné. Que décider maintenant si le donateur ne dit rien et laisse le donataire en paisible possession? Trente ans de silence de la part du donateur lui feront perdre son action, trente ans à compter de la survenance de l'enfant, du dernier s'il y en a plusieurs. Dans le cas contraire, la révocation nettoie les biens donnés de toute aliénation faite par le donataire. Quant aux tiers acquéreurs, si le donateur ne leur dit rien, ils prescriront eux aussi par trente ans, à partir de la naissance du dernir enfant (966).

DEUXIÈME PARTIE.

Révocation des testaments.

Les testaments sont éminemment révocables au gré du testateur. La règle générale ici est donc la révocabilité, tandis que c'est l'irrévocabilité pour les donations.

La révocation des testaments est opérée par un changement de volonté de la part du testateur. Ce droit qu'a le testateur de changer son testament est tellement sacré et découle d'une manière si directe de l'esprit de liberté qui doit régner dans la confection du testament, qu'on ne saurait s'interdire d'en user, comme on pouvait le faire avant l'ordonnance de 1738 reproduite par le Code Napoléon.

ARTICLE PREMIER.

Révocation par le testateur lui-même.

Pour révoquer un testament, il faut être capable de tester. Il y a révocation *expresse* et révocation *tacite*.

Révocation expresse. — Il y a révocation expresse, lorsqu'elle est faite par un testament postérieur, ou un acte devant notaire portant déclaration de changement de volonté. La forme du testament importe peu. Quel qu'il soit, il révoque, pourvu qu'il soit parfait et qu'il contienne une clause révocatoire.

Révocation tacite. — La révocation tacite s'induit de ce que le testateur a fait certains actes inexplicables sans l'idée de révocation (1036 *in fine*). Exemple : Dans un premier testament, le testateur a légué sa maison à Pierre ; dans un testament postérieur, il l'a léguée à Jean. Le premier testament est nécessairement annulé. Du reste dans ce cas, le juge doit interpréter le mieux possible l'intention du testateur. Toute aliénation postérieure de la chose léguée fait présumer aussi la révocation du legs.

La lacération ou la cancellation du testament, quoique le Code n'en parle pas, l'annulle et le révoque, lorsque ces actes de destruction ont été faits sciemment par le testateur ou par son ordre. Seulement, les intéressés sont admis à prouver que ces lacérations, ratures, etc., ont été faites dans un moment de fureur ou de folie, ou bien encore que c'est un tiers qui a froissé, biffé ou déchiré lui-même le testament sans l'ordre et à l'insu du *de cujus*. Toutefois, il faudrait qu'on pût représenter le testament pour qu'il fît preuve de son contenu.

ARTICLE II.

L'inexécution des charges ou conditions imposées au légataire, son ingratitude, peuvent amener la révocation d'un legs : les art. 1046 et 1047 sont formels sur ce point. La loi n'a pas parlé de la survenance d'enfants, c'est une chose regrettable. Mais comme on ne peut juger ici par analogie, cette survenance ne le révoquerait pas, quoique ce ne soit sans doute qu'un oubli. — Le refus d'aliments ne saurait être ici une cause de révocation, l'obligation de les fournir ne pouvant précéder la libéralité reçue. — D'un autre côté, l'injure grave faite à la mémoire du testateur révoquerait le testament, car le testateur est censé vivre aux yeux du légataire dans la personne de l'hérédité, à cause de la libéralité qu'il a reçue. L'action en révocation fondée sur cette injure grave, doit être intentée par les intéressés dans l'année du délit, à compter du jour qu'ils en ont eu connaissance. — Si l'injure grave a été faite du vivant du testateur, celui-ci a pu pardonner, et ce pardon se présume après une année, à partir du jour où il a eu connaissance de l'injure par lui reçue.

APPENDICE.

De la caducité des legs.

On appelle *dispositions caduques*, celles qui ne produiront pas d'effets à cause du refus ou de l'impossibilité de les recueillir.

I. — *Causes de caducité.*

Nous distinguons cinq causes de caducité :

La première cause de caducité est le prédécès du légataire.

La deuxième arrive lorsque le légataire, ayant survécu au testateur, meurt avant l'accomplissement de la condition, le testateur, lorsqu'il a fait son legs, ne s'étant préoccupé que de la personne du légataire et non de ses héritiers. En ce cas du reste, comme dans le premier, on doit se préoccuper avant tout de l'intention présumée du testateur.

La troisième cause est la perte de la chose due pendant la vie ou depuis la mort du testateur. Dans ce dernier cas, le legs sera caduc, si la chose a péri sous le fait ou la faute de l'héritier, quoique celui-ci ait été mis en demeure de la délivrer, lorsqu'elle eût également dû périr entre les mains du légataire (1042).

La quatrième cause sera la répudiation du legs au greffe du tribunal ou encore l'incapacité de recueillir de la part du légataire.

La cinquième cause arrivera si, dans le cas de donations faites à l'un des époux, le donateur survit à l'époux donataire et à sa postérité. (1089).

II. — *Effets de la caducité.*

Le legs caduc n'a pas d'effets ; seulement en profitent ceux qui devaient le payer. Dans ce seul cas cependant, le cas de la substitution vulgaire (898), le testateur indique à qui doit profiter la caducité du legs.

Droit d'accroissement entre colégataires.

On appelle ainsi un droit en vertu duquel, un même objet ayant été légué à plusieurs personnes dans un même testament, si l'une des personnes ne vient pas prendre part au legs, la part vacante profite aux autres. Le colégataire est alors dans une situation préférable même à celle d'un substitué vulgaire. Cette idée est uniquement l'application de l'intention présumée du testateur. Le Code Napoléon a tenté de simplifier cette matière qui était assez ardue en Droit Romain, mais il est loin d'en avoir fait disparaître toutes les difficultés.

La simple qualité de colégataire ne suffisait pas pour engendrer le droit d'accroissement, il fallait que les colégataires fussent *conjoints*. Or, il existait plusieurs manières d'être conjoints. On distinguait : 1° les colégataires conjoints institués pour la même chose et par la même disposition (*re et verbis*); ces colégataires jouissaient de l'accroissement; — 2° on pouvait être conjoint aussi seulement par les paroles (*verbis tantùm*), et c'était une question controversée de savoir si dans ce cas il y avait lieu à accroissement; — 3° enfin, il y avait les colégataires disjoints ou conjoints seulement par la chose (*re tantum*). Exemple : Je lègue ma maison B à *Primus*, je lègue ma maison B à *Secundus*. Si l'un des colégataires manquait, l'autre prenait tout le legs, non pas *jure accrescendi*, mais *jure non decrescendi*.

Le Code Napoléon a consacré à cette matière les art. 1044 et 1045. Il faut être légataire conjoint pour avoir droit à accroissement. Il n'y aura legs conjoint que dans le cas de la conjonction *re et verbis*. — Pour la conjonction *verbis tantùm*, le testateur assignant à chacun sa part, le légataire restant ne peut pas profiter de ce qui ne lui a pas été donné, à moins que cette assignation de parts n'affecte que l'exécution matérielle, au lieu d'affecter la disposition elle-même. — Reste la conjonction *re tantùm*. Il n'y aura accroissement dans ce cas , dit l'article 1045 , que lorsque la chose léguée ne sera pas susceptible d'être divisée sans détérioration. — Dans ces deux derniers cas , le législateur eût mieux fait , à notre avis , de laisser aux juges le soin d'apprécier l'intention du testateur.

Les art. 1044 et 1045 n'ont trait qu'aux legs particuliers. Mais l'accroissement des légataires universels ou à titre universel a lieu par la force même des choses , à moins de clause contraire.

L'accroissement a lieu de portion à portion et non pas de personne à personne.

Nous devons remarquer ici que si le légataire conjoint a cédé son droit , c'est le cessionnaire qui profite de l'accroissement produit par la cession ; mais l'accroissement a lieu avec les charges.

POSITIONS.

I. L'accomplissement des conditions n'ayant pas eu lieu et étant encore possible , le donateur peut-il opter pour y contraindre le donataire plutôt que pour demander la révocation ? — Non.

II. La révocation d'une donation pour cause d'ingratitude et l'exclusion d'une succession pour cause d'indignité sont-elles régies par les mêmes règles ? — Non.

III. L'existence , au moment de la donation , d'un enfant mort civilement fait-elle obstacle à la révocation de la donation , s'il survient un autre enfant au donateur ? — Non.

IV. Le donateur , dont le fils est absent depuis long-temps , doit-il être considéré comme sans enfants? — Oui.

V. La simple volonté de révocation d'un testament , exprimée sous la forme d'un testament olographe, sans contenir de dispositions de biens, opérerait-elle comme révocation ? — Non.

VI. La révocation faite dans un testament restant sans effet est-elle valable ? — Oui.

VII. Un testament contenant une disposition constatant la reconnaissance d'un enfant naturel, est-il susceptible d'être annulé relativement à cette disposition ? — Non.

VIII. L'accroissement entre colégataires d'usufruit a-t-il lieu même après que le legs a été recueilli par chacun des colégataires ? — Non.

Droit Commercial.

De la compétence des Tribunaux de Commerce.

La compétence d'un tribunal de commerce peut être envisagée sous trois rapports :

1o Certains actes y sont soumis *ratione materiæ*, c'est-à-dire, par leur nature propre, indépendamment de toute considération de la personne dont ils émanent.

2o D'autres n'y sont soumis que *ratione personæ*, c'est-à-dire relativement aux personnes et au droit que le défendeur a d'être assigné devant tel tribunal plutôt que devant tel autre qui serait compétent pour juger la matière.

3o D'autres actes, enfin, y sont soumis, tant par leur nature que par la qualité de celui qui les a faits (Compétence mixte.)

La juridiction commerciale d'aujourd'hui est mixte, mais cependant, nous devons le dire, plutôt matérielle que personnelle. Il ne suffit pas, en effet, d'être marchand pour être justiciable des tribunaux de commerce, il faut, de plus, qu'il s'agisse de faits ou actes commerciaux. Et alors même que ces tribunaux sont saisis, à raison de la qualité de la personne, leur compétence est fondée sur ce que le commerçant est assigné pour cause *réputée* commerciale. Ainsi, l'art. 631 du Code de Commerce présume commerciales, sauf la preuve du contraire : 1º toutes contestations relatives aux engagements et transactions entre négociants, marchands et banquiers ; 2º entre toutes personnes, les contestations relatives aux actes de commerce.

Cela nous amène à parler des actes de commerce. Le Code, au lieu de les définir, en fait (art. 632 et suiv.) une longue nomenclature qui ne saurait être très-exacte, qui ne l'est pas. Ainsi, le législateur n'a pas pu donner une énumération des assurances terrestres, et la nomenclature qu'il a fait est dès lors incomplète. Il eût mieux fait de donner des actes de commerce une définition, et cette définition, nous allons essayer de la donner. Selon nous, pour qu'un acte puisse être qualifié de commercial, il faut qu'il ait été fait dans un esprit de spéculation et par des personnes qui en font leur profession habituelle, avec l'intention d'en retirer un profit, un gain. Nous ne nous arrêterons pas plus longtemps sur cette définition, pour suivre pas à pas l'énumération énonciative que donne notre Code à ce sujet.

Sont réputés actes commerciaux, d'après l'art. 632 du Code de Commerce : « L'achat de denrées ou marchandises pour les revendre, soit » en nature, soit après les avoir travaillées et mises en œuvre, ou » même pour en louer simplement l'usage. » Celui qui achète un immeuble pour le revendre, ne fait pas acte de commerce ; cette spéculation, en effet, ne saurait être assimilée à celles que la loi commerciale a voulu soumettre à une juridiction particulière. Il en serait autrement cependant de celui qui achèterait des constructions pour les démolir et les revendre. — L'achat des créances ou d'effets publics, pour les revendre, est un acte de commerce. — L'achat d'un fonds de commerce pour l'exploiter, est un acte de commerce, lorsqu'il comprend des marchandises, outre l'achalandage. — Il y a aussi acte commercial dans le fait d'un individu qui achète une matière pour la façonner et la revendre ainsi transformée ; et encore, si un propriétaire loue des objets mobiliers ou des marchandises dans le but d'en tirer un revenu.

Il n'y aura pas cependant acte commercial, d'après l'art. 638, dans le fait d'un propriétaire qui vendrait les denrées provenant de son crû, ni dans l'achat par un commerçant de denrées ou marchandises pour son usage personnel. Le but de spéculation nécessaire pour constituer un acte de commerce manque, en effet, dans ces deux cas.

L'entreprise de fournitures, renfermant implicitement l'achat pour revendre, doit être rangée parmi les actes commerciaux. Exception cependant doit être faite pour le maître de pension, dont l'objet principal est l'éducation et l'instruction.

Les entreprises de manufactures, qui ont pour base et pour caractère constitutif le travail d'autrui employé pour transformer une chose, et de plus une spéculation sur ce travail, constituent un acte commercial. — Il en serait de même des maîtres de poste qui achètent des chevaux pour en tirer profit en les louant, des voituriers par terre et par eau qui louent soit leurs chevaux, soit leurs voitures ou bateaux, des maîtres d'hôtels ou de chambres garnies qui achètent et garnissent des hôtels pour en retirer un avantage en les louant ainsi tranformés.

La loi attache encore le caractère commercial aux agences, bureaux d'affaires, établissements de ventes à l'encan ou de spectacles publics, toutes spéculations annoncées à la confiance générale ou ayant pour objet le talent des artistes et le gain qu'on peut en retirer. Les opérations de courtage, de change, de banque, les lettres de change ou remises d'argent de place en place sont aussi des actes de commerce.

L'art. 633 répute pareillement actes de commerce tout ce qui concerne les expéditions maritimes, à savoir : Les entreprises de construction de navires, excluant ainsi les entreprises et constructions terrestres ; les ventes et reventes de bâtiments (l'opération de la vente des navires saisis et la distribution du prix entre les créanciers devant avoir lieu cependant devant les tribunaux civils), toutes expéditions maritimes, transport, pêche, armement en course ; tous achats ou ventes d'agrès, apparaux et avitaillements ; les affrètements ou nolisements ; emprunts ou prêts à la grosse ; les assurances maritimes ; tous accords et conventions pour salaires et loyers d'équipages, tous engagements de gens de mer pour le service des bâtiments de commerce.

Les tribunaux de commerce connaîtront encore, dit l'art. 634, des actions contre les facteurs, commis ou serviteurs des marchands pour le fait seulement du trafic des marchands auxquels ils sont attachés. La distinction que de profonds jurisconsultes ont cherché à faire admettre entre les actions intentées contre les facteurs, etc., par leur maître ou patron et celles soulevées contr'eux par les tiers qui ont traité avec eux à l'occasion du commerce de leur patron, ne doit pas, à notre avis, entrer ici en ligne de compte.

Les tribunaux de commerce ont aussi conservé les attributions des anciennes juridictions consulaires sur les billets faits par les receveurs, payeurs, percepteurs et autres comptables des deniers publics, à savoir : les percepteurs et receveurs de diverses contributions, les receveurs particuliers et les receveurs généraux, etc., qui composent la légion de justiciables dont parle l'art. 634. Les billets de ces comptables sont du reste présumés faits pour leur gestion lorsqu'aucune autre cause n'y est énoncée. (Art. 638.) Remarquons du reste qu'ils ne sont soumis à la juridiction commerciale qu'à raison des billets par eux souscrits, et nullement pour leurs engagements verbaux.

La compétence des tribunaux de commerce, pour connaître des demandes qui s'élèvent dans le cours d'une faillite, se détermine par la nature de chaque action, par ses causes et son objet. Ainsi il ne suffit pas qu'une contestation s'élève par suite et à l'occasion d'une faillite, pour que la compétence doive en être attribuée au tribunal de commerce. Il faut encore que cette contestation ait un caractère commercial, en d'autres termes qu'elle soit fondée sur un acte de commerce. Voir du reste à ce sujet les art. 437 à 614 du Code de Commerce, et la loi du 28 mai 1838, que le peu d'étendue de notre cadre ne nous permet pas d'examiner.

Nous avons dit plus haut que les lettres de change étaient de la compétence des tribunaux de commerce. La lettre de change, qui n'est réputée que simple promesse, perd cependant son caractère commercial, si elle n'a pas pour cause une opération de commerce réelle ou présumée. Il en est de même du billet à ordre lorsqu'il ne porte que des signatures de non négociants. Toutefois cette incompétence n'est pas absolue (article 637), et les choses changeront si la lettre de change ou le billet à ordre contiennent avec les signatures de non commerçants des signatures de commerçants soumis à la juridiction consulaire. Le non commerçant pourra alors être appelé comme accessoire ; mais il ne sera passible de la contrainte par corps, pour son billet, qu'à moins qu'il n'ait été fait à l'occasion d'opérations de commerce, banque ou courtage.

L'acquiescement donné par les parties au jugement est un des moyens les plus favorables d'éteindre les actions, puisque celui qui l'a donné ne peut s'empêcher de suivre la loi qu'il s'est faite. Les tribunaux de commerce pourront donc juger en dernier ressort, toutes les fois qu'elles y seront autorisées par les parties maîtresses de leurs droits.

Les tribunaux jugent encore en dernier ressort toutes les demandes dont le principal n'excède pas la valeur de 1,500 fr. Nous devons faire observer ici que si la somme supérieure à ce chiffre est le produit de plusieurs dettes, le demandeur peut faire autant d'instances qu'il y a de dettes inférieures, afin d'obtenir un jugement en dernier ressort. Le système de la défense peut aussi user de ce droit, par exemple, en faisant des offres réelles pour une partie de la somme due. La défense peut aussi faire sortir des limites du dernier ressort la demande originaire inférieure à 1,500 fr.: par exemple : en formant une demande reconventionnelle supérieure à cette somme (art. 639).

———

Nous croyons devoir dire quelques mots, en terminant, de la compétence territoriale des tribunaux de commerce.

La règle générale est, que tout défendeur doit être cité devant le tribunal de son domicile (*actor sequitur forum rei*), principe commun aux matières civiles et commerciales ; et s'il n'a pas de domicile, devant le tribunal de sa résidence. S'il y a plusieurs défendeurs, ils doivent être assignés au domicile de l'un d'eux, au choix du demandeur.

Le domicile du marin est à bord du navire sur lequel il est engagé, et les tribunaux de commerce établis dans les ports où est amarré le navire sont seuls compétents (418 et suiv. Proc. Civ.).

Pour ce qui concerne les sociétés, s'il s'agit d'une action qui concerne l'intérêt général de la société, elle doit être portée au lieu où est le siége principal ; s'il s'agit au contraire d'une contestation accessoire avec une des succursales de la société, au siége de cette succursale.

Pour les contestations en matière de faillite, c'est au domicile du failli que doivent être portées les actions dirigées contre lui. Mais lorsque au contraire le failli est demandeur, nous croyons, avec MM. Pardessus, Dalloz et Troplong, que le failli doit appeler ses adversaires devant le tribunal de leur domicile et non devant son propre tribunal (59 Code Procédure).

La demande en garantie doit être portée devant le tribunal où l'action principale est pendante, pour éviter la multiplicité des procédures et ne pas exposer plusieurs tribunaux à rendre des jugements opposés. Mais il faut que le tribunal de commerce ait déclaré l'action principale sérieuse, et qu'elle n'ait pas été formée pour distraire le garant de ses juges naturels.

Une ordonnance de 1673, art. 17, t. 12, permet au demandeur de citer le défendeur au lieu auquel la promesse a été faite et la marchandise fournie, ou bien au lieu auquel le paiement doit être fait. Mais pour être attributives de juridiction, la promesse doit avoir été faite et la marchandise livrée dans le même lieu ou au moins dans le même arrondissement.

Droit Administratif.

Compétence et juridiction administratives en matière de bois et forêts.

Il est très-important de veiller à la conservation de la richesse fo-restière. En effet, la production des forêts est lente. Et si la consom-mation énorme qu'occasionnent les besoins infinis et de tous les jours des peuples, le chauffage, les usines, les manufactures, les cons-tructions de maisons et autres choses nécessaires à la vie, n'était pas réglée et combinée par une administration sage et prévoyante qui a à concilier les droits et les intérêts privés, avec les exigences de l'in-térêt général, il pourrait en résulter des inconvénients d'une gravité extrême.

Aussi, la conservation et l'administration des bois et forêts sont-elles soumises à une législation exceptionnelle qui frappe tous les bois indistinctement. Or, on sait que le système forestier comprend : 1° les bois et forêts soumis au régime forestier ; et dans cette première catégorie sont compris les bois de l'Etat, des communes, des établissements publics, et les bois indivis de l'Etat, des communes et des établissements publics avec les particuliers ; 2° les bois appartenant aux particuliers, lesquels ne sont pas soumis au régime forestier.

La question des défrichements étant, comme on sait, la question vitale du sol forestier, le législateur a prescrit qu'il faudrait une *loi* pour pouvoir défricher les forêts de l'Etat, une *autorisation spéciale du gouvernement* pour les bois des communes et des établissements publics. Quant aux bois des particuliers, le défrichement devra être précédé d'une déclaration à la sous-préfecture, au moins six mois d'avance, durant lesquels l'administration pourra faire signifier son opposition au défrichement.

L'ancienne administration forestière avait la connaissance des délits et des dommages causés dans les bois et forêts. La nouvelle se borne à veiller à leur garde et à leur conservation. Les tribunaux ordinaires et les tribunaux administratifs se partagent la compétence et la juridiction en cette matière. Nous allons nous en occuper.

ARTICLE PREMIER.

Compétence.

De l'aménagement. — Tous les bois et forêts des domaines de l'Etat, sont assujettis à un aménagement réglé par des décrets impériaux. L'aménagement a pour objet de régler les époques des coupes. Aucune coupe ne peut être faite dans les forêts de l'Etat sans un décret impérial inséré au *Bulletin des Lois.*

Adjudications des coupes. — Comme les coupes sont une portion considérable des revenus de l'Etat, leur adjudication doit se faire publiquement. Les contestations qui peuvent s'élever à leur sujet pendant les opérations d'adjudication sont décidées par le fonctionnaire qui préside la séance. (*Art.* 20, *Cod. forest., modifié par la loi du 4 mai* 1837).

Usagers. — Pour ce qui concerne les droits d'usage existant sur les forêts de l'Etat provenant de la confiscation au clergé, et à la noblesse

émigrée, les contestations à ce sujet doivent, par suite d'un déclassement opéré par les art. 64 et 120 du Code forestier, être de la compétence des tribunaux administratifs; quoique les droits d'usage soient de
véritables servitudes et devraient être comme tels de la compétence des
tribunaux civils. Des motifs d'économie pour les parties ont sans doute
fait établir ce déclassement. Pour les pâturages dans les bois des particuliers par les habitants d'une commune, la compétence appartient de
même aux tribunaux administratifs. (120 *Cod. forest. — Avis du conseil
d'Etat*, 19 *fév.* 1840, *et* 6 *août* 1840.)

Le législateur a de même dérogé aux principes qui régissent la sépa-
ration des deux pouvoirs, judiciaire et administratif, en plaçant dans
les attributions de l'autorité administrative la surveillance, l'aménagement et la conservation des forêts, et en lui déléguant le pouvoir de
statuer :

1° Sur la *possibilité* des forêts, quoique la question ne s'élève qu'in-
cidemment devant les tribunaux relativement, par exemple, à l'exercice
des droits d'usage. En aucun cas les tribunaux ne pourraient ordonner
une expertise pour vérifier cette possibilité. La compétence de l'autorité
administrative doit se borner cependant à la constatation, en point de
fait, de cette possibilité. (Cass. 11 mars 1841, et 30 janv. 1843.)

Quant à ce qui concerne la possibilité et la défensabilité des bois des
particuliers, nous pensons que l'attribution conférée à l'administration
forestière par l'art. 119 du Code forestier, d'indiquer les bois qui sont
défensables, n'a pas eu pour effet de soustraire à la compétence judiciaire les contestations qu'elles peuvent faire naître ;

2° C'est aussi aux tribunaux administratifs à prononcer sur la nécessité pour les communes des droits de pâturage dont l'administration fo-
tière ou les particuliers voudraient opérer le rachat.

Sur les contestations entre l'administration forestière qui affirme qu'il
est avantageux de convertir en bois des pâturages et une commune qui
résiste, le conseil de préfecture doit statuer, sauf pourvoi devant le
conseil d'Etat.

Le recours contre la désignation des chemins faits par l'administration forestière (Art. 71) ne doit avoir lieu ni devant les tribunaux, ni devant le conseil de préfecture, mais devant le ministre des finances, supérieur hiérarchique de cette administration ; et en dernier lieu, contre la décision du ministre, à l'Empereur en couseil d'Etat, par la voie contentieuse.

Droit d'affouage. — L'affouage est un partage de fruits communs entre des cointéressés, un mode de jouissance des produits d'un bois communal entre tous les ayants-droit. C'est le conseil municipal qui est appelé à régler par ses délibérations la répartition de l'affouage entre les habitants.

Un habitant de la commune réclame contre son exclusion du rôle de répartition de la coupe affouagère ou des autres fruits communaux. Devant quel tribunal devra-t-il porter sa réclamation ou toute autre contestation entre lui et les représentants de la commune sur son droit à une plus ou moins grande partie de jouissance des biens communaux ? Il n'y aura pas pour nous d'hésitation. Ce sera devant les tribunaux civils.

Mais, objectera-t-on, les difficultés sur le partage du fonds même des biens communaux entre les habitants, ont été confiées à l'autorité administrative. M. Chauveau répond à cet argument en déclarant que l'autorité administrative n'était pas compétente à raison de la matière, mais bien par suite d'un déclassement motivé sur le besoin d'étendre sa protection tutélaire.

M. Serrigny, considérant une délibération du conseil municipal comme un acte administratif (profonde erreur que nous n'essayerons pas de discuter), trouve ici le caractère du contentieux administratif. Nous ne sommes nullement de son avis, et nous ne voyons pas pourquoi, si un conseil municipal veut distribuer des jouissances communales conformément au texte formel de la loi, un habitant dans ce cas ne pourrait pas demander l'observation de cette loi dont lui seul, peut-être, a intérêt à demander l'application aux tribunaux civils, juges des questions de propriété.

Nous résumant, il nous semble que les discussions entre un habitant et une commune ne touchent en rien au contentieux administratif. Chaque habitant a un droit à la répartition d'une partie de la jouissance des biens communaux lorsque cette jouissance est partagée, et c'est aux tribunaux civils qu'il doit demander justice si son droit est méconnu. Du reste, le Conseil-d'Etat et la Cour de Cassation sont unanimes ici pour reconnaître la compétence judiciaire.

Aliénations. — Les autorisations à donner pour l'aliénation des bois soumis au régime forestier sont de la compétence du ministre de l'intérieur, d'après un avis du Conseil-d'Etat donné après la publication du décret de décentralisation du 25 mars 1852.

ARTICLE II.

Juridiction.

Nous ne ferons que citer ici quelques cas entre tant d'autres qui sont soumis à l'autorité administrative, soit par la voie gracieuse, soit par la voie contentieuse, notre cadre étant trop restreint pour pouvoir les contenir tous.

§ Ier. — *Juridiction gracieuse*.

I. *Préfets*. — Les préfets nomment des experts dans l'intérêt de l'Etat, des communes ou des établissements publics, pour opérer la délimitation des bois et forêts avec les particuliers riverains.

Ils autorisent les travaux extraordinaires à faire dans les bois des communes et des établissements publics, lorsque ceux-ci n'élèvent aucun obstacle. (Ordonnance du Ier août 1827, art. 136).

Ils prennent des arrêtés pour désigner les propriétés les plus voisines, où doivent être pris les bois et oseraies pour les travaux d'endigage du Rhin lorsque le danger d'une inondation menace. (Même ordonnance, art. 164).

Ils statuent sur l'opposition de l'administration forestière au défriche-

— 32 —

ment des bois des particuliers. Leur arrêté est soumis au ministre, qui rend sa décision dans les six mois (Même ordonnance, art. 195).

Nota. C'est par suite d'un déclassement que les arrêtés des préfets sont gracieux dans ces deux derniers cas.

D'après le décret de décentralisation administrative, du 25 mars 1852, ils statueront aussi sur les demandes en autorisation, concernant les établissements et constructions qu'on ne peut effectuer dans les bois ou dans les environs des bois soumis au régime forestier (151 et suivants du Code forest.)

II. *Ministre des finances.* — Il approuve les états de coupes dressés par l'administration forestière.

Il autorise les défrichements dans les bois des communes et des établissements publics. (Discussion du Code forestier).

Il approuve les arrêtés des conseils de préfecture pour le maintien ou la déchéance des droits d'usage des communes sur les bois de l'État.

III. *Empereur.* — L'Empereur par des décrets : autorise les travaux extraordinaires pour le repeuplement des forêts soumises au régime forestier, les routes, les maisons de garde, etc.

§ II. — *Juridiction contentieuse.*

I. *Ministre des finances.* — Il déclare les adjudicataires déchus de leurs droits s'ils n'ont pas fourni caution dans les délais. Les préfets rendent auparavant des arrêtés d'instruction.

II. *Conseils de préfecture.* — Ces conseils statuent, par suite d'un déclassement :

1º Sur la possibilité et l'état des forêts pour les droits d'usage ;

2º Sur leur défensabilité réclamée par l'administration forestière ;

3º Sur la nécessité pour les communes des droits de pâturage que les particuliers ou l'administration voudraient racheter ;

4º Sur les contestations entre le conseil municipal et les administrateurs des établissements publics, et l'administration forestière, pour la concession en bois, ou l'aménagement en pâturages de terrains appartenant aux communes ou aux établissements publics.

Cette Thèse sera soutenue, en séance publique, dans une des salles de la Faculté, le   août 1856.

Vu par le Président de la Thèse,

DUFOUR.

Toulouse, Imprimerie Troyes OUVRIERS RÉUNIS, rue St-Pantaléon, 5.